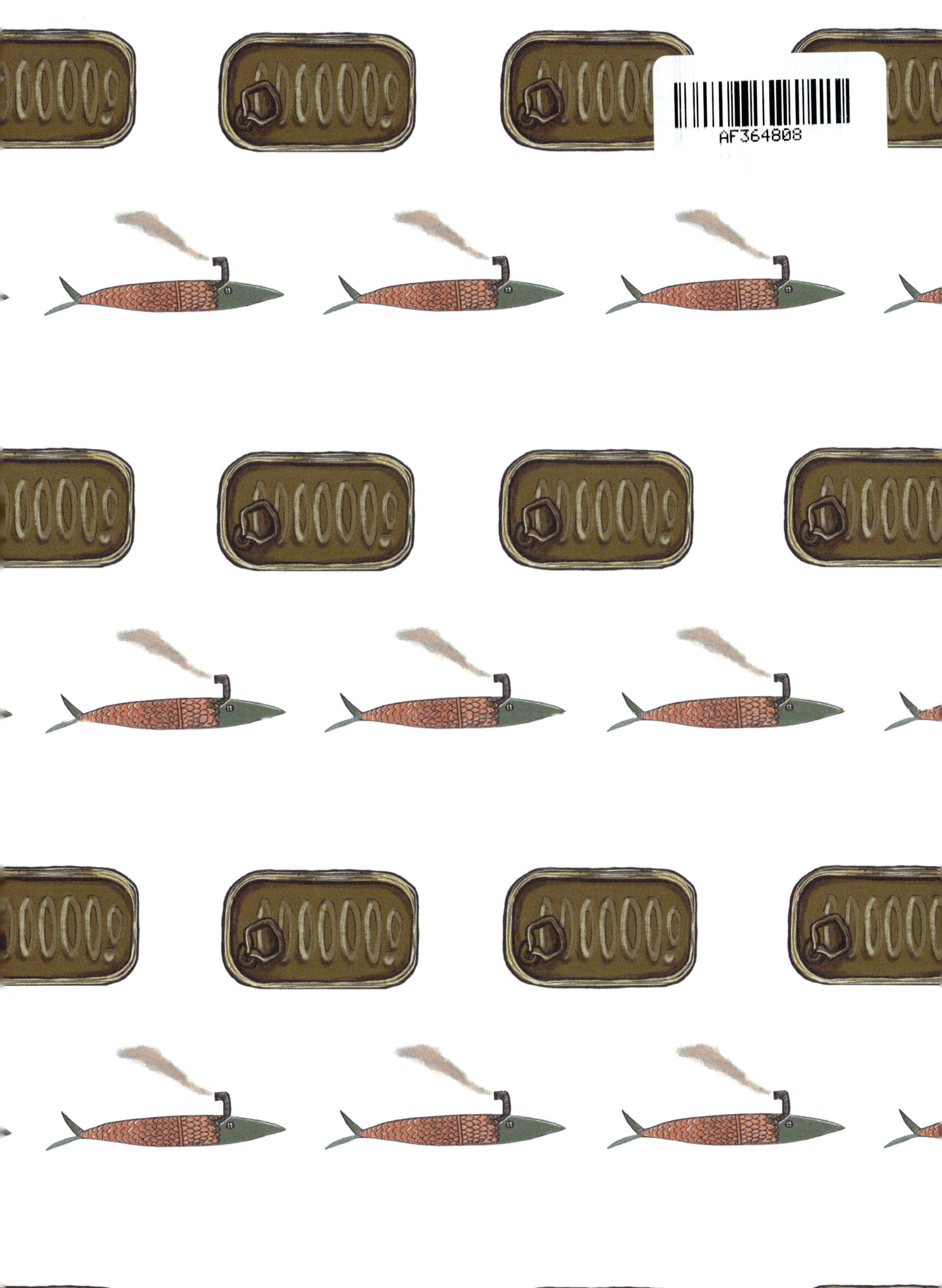

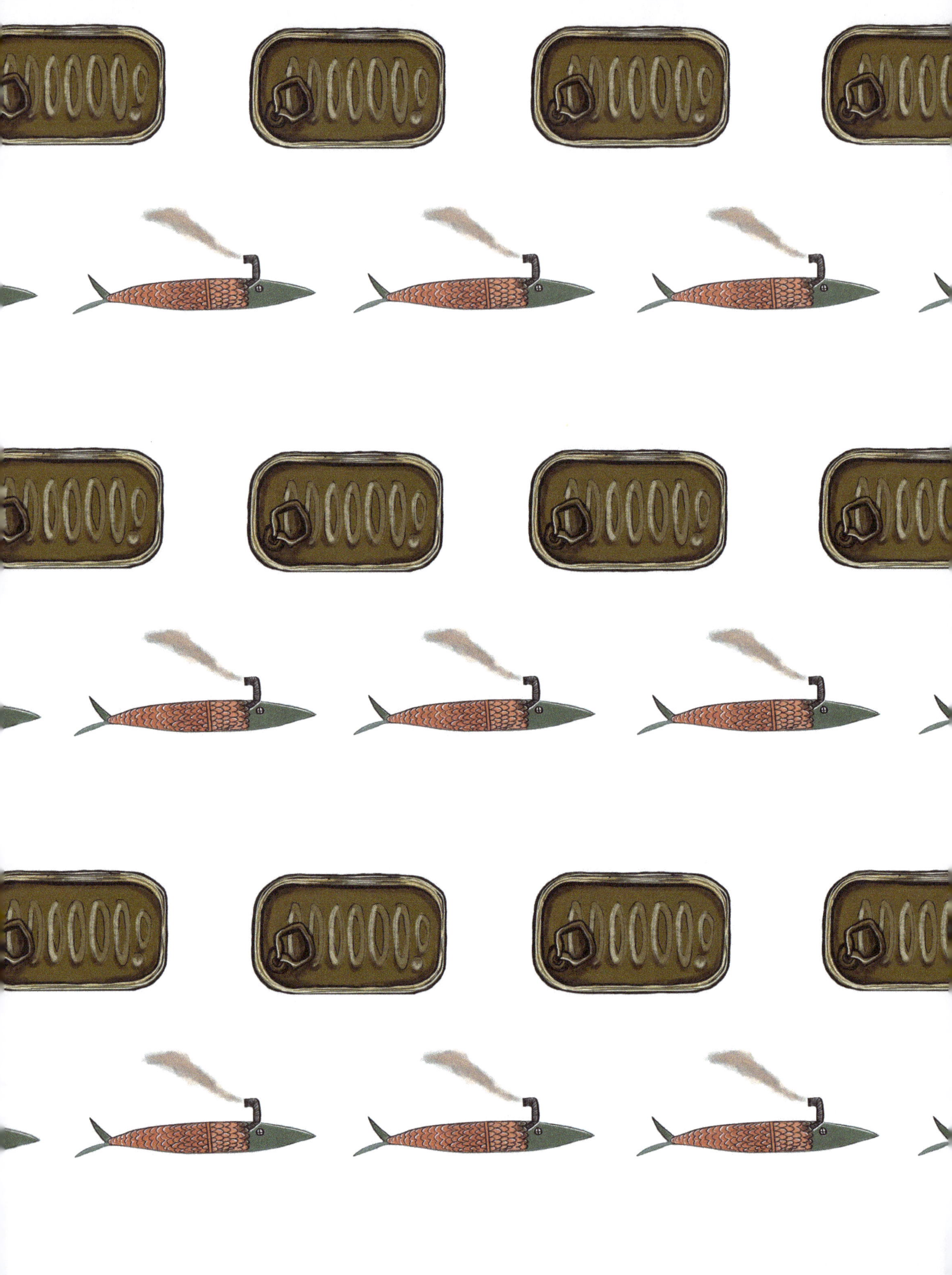

Gisela de Castro

A curiosidade matou o gato?

Ilustrado por Luci Vilanova

Did curiosity kill the Cat?

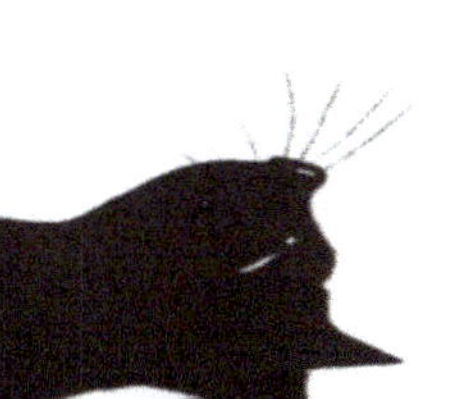

Editores / Publishers: Gisela de Castro e Julio Augusto Zucca

Texto e coordenação geral / Text and general coordination: Gisela de Castro

Capa e Ilustrações / Cover and illustrations: Luci Vilanova

Projeto Gráfico / Graphic project: Vini Couto e Luci Vilanova

Revisão em português / Review in Portuguese: Vitória de Castro Fialho

Tradução para o inglês / English translation: Gisela de Castro

Revisão em inglês / Review in English: Marina Fidalgo e Costa (UK), Ceci Esteves Freire (USA)
e Catherine Anne Thompson (USA).

Assessoria de Imprensa / Press office: Sheila Gomes

Realização / Production: Zucca Produções

Agradecimentos / Sincere thanks

Ana Carolina O. S. Moreira Lima; Catherine Anne Thompson; Ceci Esteves Freire; Fabiana Esteves;
 Juliana, Marina e Pedro Fidalgo e Costa; Emilia Jackson, Stanley Price-Nunn; Vitória de Castro Fialho.

Dados Internacionais de Catalogação na Publicação (CIP)
(Câmara Brasileira do Livro, SP, Brasil)

```
de Castro, Gisela
    A curiosidade matou o gato? = Did curiosity kill
the cat? / Gisela de Castro ; ilustrado por Luci
Vilanova ; [tradução da autora]. -- Rio de Janeiro :
Zucca Books, 2021.

    Edição bilíngue: português/inglês.
    ISBN 978-65-993389-1-5

    1. Literatura infantojuvenil 2. Livros ilustrados
I. Vilanova, Luci. II. Título. III. Título: Did
curiosity kill the cat?.


21-55619                                    CDD-028.5
```

Índices para catálogo sistemático:

```
1. Literatura infantil   028.5
2. Literatura infantojuvenil   028.5
```

Cibele Maria Dias - Bibliotecária - CRB-8/9427

Editora ZUCCA BOOKS

Zucca Produções Artísticas e Culturais ltda.

Rua Gago Coutinho, 6, casa 26, Laranjeiras, Rio de Janeiro (RJ), 22221-070

zucca@email.com

www.zucca.com.br

Para a Quinis e todas
as criaturas curiosas.

To Quinis and all
curious creatures.

Havia uma fábrica de sardinhas em lata, onde morava um cão de guarda. Havia um cheiro delicioso que emanava das chaminés dessa fábrica. Havia alguns seres interessados nessas sardinhas. Havia quatro gatos que rondavam por perto.

There was a canned sardine factory, where a watchdog lived. A delicious smell emanated from the chimneys of this factory. There were some creatures interested in these sardines. There were four cats prowling nearby.

O primeiro gato sentiu um cheiro bom e resolveu seguir seu faro.
Passou pelo portão, hipnotizado pelo aroma das sardinhas,
sem sequer olhar para os lados. O cão de guarda
veio e zap - devorou o felino.
A insensatez matou o gato.

The first cat smelled something good and decided to follow its nose. It went through the gate, hypnotized by the aroma of the sardines, without even looking sideways. The watchdog came and zap - devoured the feline.
Folly killed the cat.

O segundo gato sentiu um cheiro bom e resolveu seguir seu faro. Entretanto, ficara apreensivo com um miado agonizante que havia escutado minutos antes. Passou a cabeça pela grade do portão, olhou para um lado, para o outro. Ficou com medo de entrar. Resolveu dar a volta e, nos fundos da fábrica, encontrou uma lata de lixo com restos de sardinha. Enfiou a pata no lixo e fisgou uma espinha de peixe.

The second cat smelled something good and decided to follow its nose. However, it was apprehensive as it had heard an agonizing meow some minutes before. It put its head through the gate´s bars, looked one way and the other. It was afraid to come in. The cat decided to go around and, on the back of the factory, found a garbage can with sardine scraps. Putting its paw into the trash, it caught a fishbone.

Lambeu um pouco, mas não era suficiente. No entanto, não tinha coragem para entrar na fábrica e conseguir comida melhor. Contentou-se com aquele resto, abocanhou o esqueleto pífio por inteiro e engasgou-se com uma espinha de peixe atravessada na garganta. Começou a tossir. Tossiu tanto que morreu. A covardia matou o gato.

The cat licked it a little, but it was not enough. However, the cat
did not have the courage to enter the factory and get better
food. Resigned with that waste, it grabbed that entire
thin skeleton and a fishbone got stuck in his
throat. It started coughing. The cat
coughed so much that it died.
Cowardice killed the cat.

O terceiro gato sentiu um cheiro bom e resolveu seguir seu faro. Subiu numa árvore e viu, bem distante, após o terreno que havia por trás do portão, a grande porta de entrada da fábrica. Achou que não valia a pena todo o esforço de ir até lá. Resolveu deitar-se no galho e esperar. Esperar que algo acontecesse e ele conseguisse algo para comer. Esperou tanto, ficou tantos dias ali parado (sem nada acontecer), que, numa bela manhã, morreu de fome.
A preguiça matou o gato.

The third cat smelled something good and decided to follow its nose. It climbed up a tree and saw, far away, beyond the ground after the gate, the great entrance door of the factory. The cat thought that all the effort to get there was worthless. It decided to lie down on the branch and wait. Waiting for something to happen, it wished something to eat. It waited so long and stood there for so many days (without anything happening), that, on a beautiful morning, it starved to death.
Laziness killed the cat.

O quarto gato sentiu um cheiro bom e resolveu seguir seu faro.
Estava curioso para saber de onde vinha aroma tão delicioso.
Colocou a cabeça através as grades do portão e viu a fábrica
ao longe. Resolveu dar a volta. Avaliou o lixo e constatou
que só havia restos e espinhas. Não se entusiasmou com
aquilo. Subiu na árvore e calculou a distância.
Viu o cão de guarda bem perto da porta.

The fourth cat smelled something good and decided to follow its nose. It got curious to find out where such a delicious scent was coming from. It put its head through the gate´s bars and saw the factory in the distance. The cat decided to turn around. It inspected the trash and found only leftovers and spines. The Cat was not enthusiastic about that. It climbed up the tree and calculated the distance. It saw the watchdog right by the door.

Decidiu adotar outra estratégia: pulou para um galho mais alto
que quase encostava no muro que cercava a fábrica. Saltou,
caminhou com agilidade por entre os cacos de vidro espetados –
que seriam perigosos, não fosse a habilidade dos gatos.
Chegando à lateral, viu que, além dos fios que levavam
eletricidade para a fábrica, havia um grande
tubo que servia como saída de ar.

The cat decided on another strategy: it jumped to a higher branch that almost touched the wall surrounding the factory. The cat jumped and walked nimbly through the spiky glass shards, which would be dangerous if it were not for the skills of the cats. Getting to the other side, it saw that, in addition to the wires that carried electricity to the factory, there was a large pipe that worked as an air outlet.

Avançava com cautela e tudo ia ficando cada vez mais quente à medida que se aproximava da chaminé, até que o calor ficou insuportável para suas patinhas. Tomou distância, deu impulso e, com salto espetacular, chegou ao telhado, onde havia uma pequena janela.

The cat moved on cautiously, and everything was getting hotter
and hotter as it approached the chimney, until the heat
became unbearable for its little paws. It took
some distance, got momentum and, with
a spectacular jump, reached the roof,
where there was a little window.

Com a unha afiada, ele destrancou o ferrolho e
entrou. Deparou-se com uma enorme
bancada coberta por gordas
sardinhas frescas.

Using its sharp nails, it unlocked the screw and
entered the factory. The cat found a huge
countertop covered with
fat fresh sardines.

Após tanto esforço, estava exausto e morrendo de fome. Afinal, o gato trabalhara feito um cão! Por falar nisso, antes que começassem os latidos e alguém viesse checar o que se passava, o felino – que já havia comido até se fartar – pulou na luminária, saltou pela janela, subiu no telhado, passou pelo tubo de ar, equilibrou-se nos fios, desviou dos cacos no muro, pulou para o galho alto da árvore e de lá desceu velozmente.

After so much effort, it was exhausted and starving. After all, the cat had been working like a dog! Speaking of which, before any barking could warn anyone to check what was going on, the feline - who had eaten until it was completely full - leaped onto the light fixture, jumped through the window, climbed onto the roof, went through the air pipe, balanced itself on the wires, dodged the glass shards on the wall, jumped to the high branch of the tree, and slid down quickly.

Chegou em casa, alimentado, são e salvo.
A cautela, a coragem, a determinação e a
curiosidade salvaram o gato.

It got home, well-fed, safe, and sound.
Caution, courage, determination, and
curiosity saved the cat.

Gisela de Castro é uma escritora brasileira, sócia da Zucca Produções, mestranda em Mídias Criativas na UFRJ, e é 13 anos mais velha do que Luci. Quando se conheceram, em 2007, Luci estudava Belas Artes. Charada: quantos anos Gisela tem em 2021?
Ah, Gisela sou eu! Se quiser me mandar sua resposta, procure-me nas redes sociais.
;)
Opa! Quase me esqueci: este livro nasceu, porque um dia, na escola, alguém disse à minha filha para não ser curiosa, afirmando que "a curiosidade matou o gato".
Eu discordo. E você?

Gisela de Castro is a Brazilian writer, a partner at Zucca Produções, a master's student in Creative Media at UFRJ, and she is 13 years older than Luci. When they met, in 2007, Luci studied Fine Arts.
Challenge: how old is Gisela in 2021?
Ah, Gisela is me! If you want to send me your answer, look for me on social networks.
;)
Oops! I almost forgot: this book was born, because one day, at school, someone told my daughter not to be curious, saying that "curiosity killed the cat".
I disagree. What about you?

Luci Vilanova tem 34 anos e se formou pela Escola de Belas Artes da UFRJ (Brasil) e é Mestre em Artes pela UA (Portugal). É carioca da gema, mas parte do seu tempero é português. Luci desenvolveu uma curiosidade aguçada sobre a terra dos seus antepassados. Desde a infância, o desenho é sua língua favorita e o meio como adora registrar suas descobertas, além de dar forma à sua imaginação. Atualmente, Luci vive em Portugal com a sua gata Quinis, que é preta com manchinhas brancas na barriga parecendo uns biquínis. Será que é por isso que ela adora o verão? Ou é porque nessa época cheira a sardinhas na brasa?

Luci Vilanova is 34 years old and graduated from the School of Fine Arts at UFRJ (Brazil) and has a Master of Arts degree from UA (Portugal). She is from Rio de Janeiro, but part of her spice is Portuguese. Luci developed a keen curiosity about the land of her ancestors. Since childhood, drawing has been her favorite language and the medium she loves to register her discoveries, in addition to materialising her imagination. Currently, Luci lives in Portugal with her cat named Quinis, who is black with white spots on her belly looking like she's wearing bikinis. Is that why she loves summer? Or is it because at that time it smells like sardines on the grill?

 @decastrogisela   @rabiscosterapeuticos

www.zucca.com.br
zucca@email.com